学級経営サポートBOOKS

奥野木 優

WONDERな教室環境のつくり方

明治図書

ガッコーをもっと面白く。
だから教室をもっと面白く。

　僕の教室は，多分皆さんが思われているよりも普通です。そして僕は，公立小学校の普通の先生です。
　なので「誰も見たことのないような素晴らしい教室を創ろう！」という熱い気持ちで本書を手に取ってくださった方がいらっしゃったとしたら，その期待にこたえることはできないかもしれません。

　この本を読んで素晴らしい教室ができるかどうかはわかりませんが，本書は，普通の教室にちょっとしたアイデアを加える実践例を紹介しています。
　かねてより「ワクワクする教室をつくりたい！」そんな想いから，教室環境について研究を重ねてまいりました。この本の中で紹介されているアイデアたちは，すでにいろいろな教室で取り入れられているものかもしれません。
　当たり前のことに，少しのユーモアをプラスすることで「WONDER な仕掛け」が生まれます。僕の教室環境づくりのモットーは「子どもたちも，そして先生もワクワクする教室」です。どちらかが，満足する教室ではなく，「子どもたちも先生も」楽しい気持ちになる教室です。

　皆さんの今の教室はまず，「先生が」行きたくなる教室になっていますか？
　僕は，先生自身がまずワクワクする教室をつくること，とても大事だと考えています。
　もっと先生の色を出してもいい。
　そこに，子どもたちも遠慮なく色を出してくるようになり，個性がごっちゃまぜの創造的な教室がつくられていく。僕は，そんな気がしています。

本書では，その一部を紹介しています。
　中には，「これはよくわからないな」というものもあるでしょう。たくさんある中の，一例なので「合う・合わない」が必ずあります。なので，すべて真似しようとするのではなく，ビビっときたものも，ちゃんと自分の脳みそフィルターを一度通して実践をされることを推奨します。
　型をとりあえず真似ても失敗します。「想い」なき実践は，一番届いてほしい子どもたちに届かない可能性が高いです。

　本書に載っている実践は，目の前の子どもたちを見て考えたものがほとんどです。
　「ひとりぼっちになりがちな　あの子の好きなことってなんなんだろう？」
という気持ちをもったら，その子が好きなものを教室に置いてみたり，アイドルのグッズを教室に置いてみたりする。
　いつのまにか「趣味発信掲示板」がつくられ，それが「触媒」となって，誰かとつながるきっかけを提供できるかもしれない。
　読書が大好きだけど，友達と関わることが苦手な子のために，学級文庫にコミュニケーション系の面白い絵本を置いてみて，いつか会話のきっかけになることを待ってみたりする。
　そんな瞬間の積み重ねで生まれた実践たちです。

　WONDER な教室環境づくりに近道や，魔法はありません。
　目の前の子どもたちは何が好きなのか，何に困っているのか，どんなものを求めているのか。よく見て，よく問い，よく耳を澄まして，はじめて見えてくるものがたくさんある気がしています。
　そして，よく考える。僕は基本的に一日中，子どもたちのことを考えています。そうする中で，つかめる何かが確実にあります。皆さんも，行き詰まったとき，子どもを信頼できなくなったとき，一度立ちどまって考えてみてください。きっと，そこを出発点にして生まれたアイデアは，先生の「熱量」と「想い」が一滴も零れることなく乗り，子どもたちに届くことでしょう。そのアイデアのひらめきのお手伝いを本書が果たせたとしたら，これ以上の喜びはありません。

僕の野望は「全国のガッコーをもっと面白くすること」です。このビジョンに共感していただける方とともに，これからも面白いことをし続けたいなと思っています。

「ガッコーをもっと面白く。だから教室をもっと面白く。」

　来年度の教室はきっとまた，まったく違うテイストの教室になっている可能性がありますが，2018年度の自分史上，一番新しい教室環境のアイデアを惜しみなく詰め込みました。中には，違和感を覚える異物も混じっているかもしれませんが，それすらも楽しむユーモアの心で本書をお読みいただけると幸いです。

　それでは，WONDER な教室環境をつくるヒントを探す旅に一緒に出かけましょう。

著者　奥野木　優

Contents

ガッコーをもっと面白く。だから教室をもっと面白く。……3

Chapter 1
WONDERな教室環境をつくれば，ガッコーがもっと面白くなる！

子どもと一緒に，先生ももっとワクワク！……12
本書は，少しずつお試しください！……13
教育にこそ，「余白」や「遊び心」が大事！……14

Chapter 2
WONDERな教室環境のアイデア

教室コーナー

01　登校がもっと楽しく。超アナログSNSでいい所発信！
　　教室SNS……20

02　朝，教室に入ってくることが，ちょっぴり楽しみに！
　　教室ウェルカムイーゼルボード……22

03　「掃除しなきゃ…」が「掃除したい！」に変わる！
　　MMSコーナー……24

04　消しゴムのかすだらけの床も，これでスッキリ！
　　「ケッシーを復活させよう!!」……26

05　読書意欲をそそって，子どもたちともつながる！
　　クセの強い学級文庫コーナー……28

06　ついつい見て手に取って，読書をしたくなる！
　　気になるPOPコーナー……30

	コミュニケーションが苦手な子も楽しくつながる！
07	**漫画家コーナー**……32

	感謝の気持ちを贈り合う，あったかシステム！
08	**HAPPY & THANKYOU ポスト**……34

	教室に「余白」と「遊び心」を生みだす！
09	**インターホン・ボタン・リモコン**……36

	雨の日に，たまにやるとすごく仲良くなれるゲーム！
10	**手作りすごろくコーナー**……38

	雨の日だって，楽しく過ごしたい！
11	**教室ゲームセンター**……40

	教室に農園をつくって，優しい気分に！
12	**ベランダファーム＋教室グリーン**……42

	教室に生きものがいると，温かい雰囲気になる！
13	**教室水族館コーナー**……44

	運動会，修学旅行などの成功をみんなで願おう！
14	**クラスお守りコーナー**……46

	忘れ物してもOK！　文房具はここから借りていいよ！
15	**レンタルショップ「借り屋」**……48

教室掲示

	イメージを共有しにくい学級目標を，もっと身近に！
16	**学級目標メタファー**……50

	連絡帳を書くことも，ワクワクのイベントに！
17	**手作り賞状**……52

	メタ認知で，「望ましい行動」がクラスに広がる！
18	**日常マンガ劇場**……54

	運動会でオトそう！　たくさん笑うと幸せな気持ちに！
19	**大喜利「こんな○○は〜」**……56

	特別な日をお祝いして，チャンスを逃さない！
20	**お誕生日色紙**……58

	進捗の可視化で，励ましの言葉を贈る機会が増える！
21	**一人一役当番＆委員会ボード**……60

	「めんどくさい」「だるい」をユーモアで克服！
22	**NG → OK ＆リフレーミングパネル**……62

	これで次の授業準備もバッチリ！
23	**未来マンガポスター**……64

	既習にすぐアクセス！　学びを深める！
24	**可動式「学びの足跡」**……66

	新出漢字がコツコツと定着していく！
25	**「漢字」タブレット**……68

	自主学習でやる気アップ＆チームビルディング！
26	**ミッションポスター**……70

	MVPを一人取り上げることで，絶大な波及効果！
27	**今日の自学すんばら**……72

	謎解きで，ついつい協力しちゃう瞬間を！
28	**懸賞金ポスター**……74

	「修学旅行の思い出」を密閉保存して懐かしさに浸れる！
29	**思い出コレクション**……76

	思い出を，オシャレで大きな壁面のアートに！
30	**壁面コラージュ**……78

	これぞ WONDER の真骨頂！
31	**ハイブリッド学級通信**……80

教室アイテム

	世界で一冊！　授業参観時にクラス愛を感じるかも！
32	**クラスマガジン**……82

	子どもも大人もみんな大好きなワクワク製造機！
33	**手作りガチャポン**……84
34	連絡帳チェックや席替えをワクワクのイベントに！ **ドキドキくじ引きBOX**……86
35	一年間の最後，三学期は思いっきりチャレンジ！ **超ビー玉貯金**……88
36	給食の話のきっかけやネタが生まれる！ **給食トークカード**……90
37	テンションの低い朝の会すらも楽しいイベントに！ **ウタボス**……92
38	愛らしくて，授業でも学級会でも大活躍！ **黒板キャラクター**……94
39	道徳の授業で使える，教室と社会をつなぐアイデア！ **「意識高い系」キャラ**……96
40	学び合いの授業や日常生活を可愛く彩る！ **家紋風ネームプレート**……98
41	学び合いの授業で活躍。とにかく見やすい！ **手作りミニブラックボード**……100
42	「静かにしなさい！」より約3倍の効果！（当社比） **教室レストランベル**……102

教室デザイン

	殺風景な教室の入り口を，素敵な写真の風景に！
43	**入り口フォトフレーム**……104
44	オシャレなお店のような，入りたくなる教室に！ **カフェ風看板**……106
45	いい香りのする教室で，集中力アップ！ **アロマ＆香り**……108

	大きな教室環境！ 先生だからこそオシャレに！
46	**「モチベアップ」ファッション**……110

	朝の会や学級会が盛り上がる！ 教室にロックを！
47	**教室ライブハウス**……112

	子どもの隠れたやる気や主体性に火をつける！
48	**ビー玉パーティー装飾**……114

	休み時間に気楽に集まれる共有スペース！
49	**癒しの空間**……116

	自由自在に変形して，最適な学びの場づくりに！
50	**机フォーメーション**……118

Chapter 1

WONDER

な教室環境をつくれば,
ガッコーがもっと面白くなる！

子どもと一緒に，先生ももっとワクワク！

　WONDER という単語には，「不思議／奇跡」という意味があるそうです。抽象的ではありますが，僕はここ数年 WONDER なクラス，そして，それを支える WONDER な教室環境を目指して，実践を重ねています。
　そこに至った物語はここでは語れませんが，「学校を，もっともっと面白い場所にしたい」と心の底から願うことから始まりました。学級経営に「これさえすれば，必ずいいクラスになる！」といったような魔法はありません。<u>目の前の子どもたちに向き合い続け，考え続け，手を打ち続けること</u>が唯一の道だと考えています。

　僕のクラスは，別に素晴らしくも何ともありません。そもそも抽象的な「素晴らしいクラス」とは何かという話になるとは思いますが…。僕は素晴らしいクラスは目指せません。でも，<u>「お互いの強みを引き出し合える，笑いの多い子どもらしさ満開のクラス」</u>なら目指してみたいと思えます。それが僕の WONDER なクラスのイメージです。そして，そんなクラスを目指したいというのが，現在の僕の方向性です。

　本書では <u>WONDER な教室環境をつくる多くの教室のアイテム，掲示物，コーナーなどを紹介</u>しています。しかし，すべてがもちろんすべての学級にフィットするわけではありません。なので，あくまでも「ヒント」として，目の前の子どもたちの実態に応じてカスタマイズしていただけたら幸いです。目の前の子どもたちにとって，様々な一つひとつの実践のピースがガッチリ組み合わさって，すさまじい力を発揮し始めたとき，初めて WONDER なクラスができあがる気がしています。
　余白の少ない公立小学校に，もっと遊び心を。
　閉塞感のある学校という空間に，新しい風を。
　一緒に，面白いことをして，「先生も」もっとワクワクしませんか？

本書は、少しずつお試しください！

　この本に書かれているアイデアを真似してやるだけでは，効果はほぼありません。ちゃんと一度自分の脳内フィルターに通して，「こうするともっとよさそうだな」や「クラスの実態には合いそうもない」と判断することも大事です。

　形を真似るだけではなく，そこに至るまでの物語に想いを馳せ，自分なりの「熱量」や「想い」をさらっと乗せる。アイデアに想いが乗っていると，子どもたちは敏感に感じ取ってくれます。

　ちゃんと命を吹き込む手間を惜しまないこと。それが大事なことなのかもしれません。

　本書の構成は，教室コーナー・教室掲示・教室アイテム・教室デザインと，どんなときに効果を発揮するかという観点から構成しています。TPOに合わせて選択してみてください。

　僕も，本書に載っているすべての実践を一気にやったりはしません（僕はシンプルでキレイな教室が好きです。もしすべてを同時にやったら，相当教室がごちゃごちゃします）。なので，使えそうなものを使えそうなときに，少しずつお試しください。

注意 〜〜〜〜〜〜〜〜〜〜〜〜〜〜〜〜〜〜〜〜〜〜〜〜

① 実態に合っていないと逆効果になるのもあります。
② マンネリ化を防ぐために，実践をアレンジし続けてください。
③ 効果があまり出なくても，怒らないようにしましょう。
④ 学年や学校に相談してから取り組んだ方がよいものも混ざっています。
⑤ 自分が望む実践をやるためには，組織に貢献しましょう。

教育にこそ，「余白」や「遊び心」が大事！

　現在の日本の公立小学校では，効率化や学習への集中のことを考えて，無駄なものは極力教室に置かないようにしていらっしゃる方が多いと思います。でも僕は，教育にこそ「余白」や「遊び心」が大事なのではないかと感じています。

　余白はクリエイティビティを刺激します。効率化からはみ出してしまった「はぐれもの」から，新たに生まれるものが確実にあります。車の運転も，ハンドルの遊びがあって穏やかな運転ができるように，教室も緊張感ばかりで，「成長しよう!!」というかけ声だけではうまくいきません。

　今の画一的だといわれている日本の公立小学校を，もっと面白くするための一つの方法が，このWONDERな教室づくりなのです。

　教室にもっとユーモアを。
　教室にもっと余白を。
　そして，教室にもっと笑顔を。

　この教室づくりのコンセプトはそこです。

　僕もまだまだ発展途上です。どんなクラスがベストなのかという答えは出ません。だからこそ，これからも悩み考え続けていきたいですし，同じような志をもつ先生方と，たくさんの面白いアイデアを共有していけたらと考えています。本書が，そのきっかけとなってくれたら嬉しく思います。

　僕は，TwitterやFacebookなどのSNSでも発信をしています。IoTが急速に進む時代。正解も日々変わる時代です。SNSなどのネットの力も借りて，一緒にガッコーをもっともっと面白くしていきましょう。

～WELCOME～

Twitter：U-teacher（yuuyuuyuu21）　Instagram：U-teacher（yuuyuuyuu217）
Facebook：奥野木　優　教育実践交流グループ「GOTCHA!!」主宰

Chapter 2

WONDER

な教室環境のアイデア

01

登校がもっと楽しく。超アナログSNSでいい所発信！

教室SNS

SNSを利用されている先生ならわかっていただけると思うのですが，自分の投稿にリアクションやコメントがつくと嬉しいですよね。あの仕組みを教室にもということで，始めたのが「教室SNS」です。

教室コーナー

　結婚式のウェルカムボードのように，教室の入り口にイーゼルホワイトボードを置くという実践です。ボードには「WONDER TIMES」という通信を貼ります。朝，教室に入るときに見て，仲間とのつながりを感じたり，少し温かい気持ちになったりしてもらいたいと思いこの取組を始めました。

　他のクラスの子にも見てもらってコメントをもらい，新たな交流が生まれたりもするので，子どもたちの居場所づくりに貢献してくれる取組です。

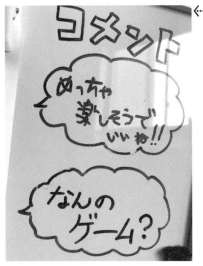

⇠⋯ コメント欄には，子どもたちからポジティブなコメントを書いてもらいます。吹き出しとホワイトボードペンを用意しておくだけで，温かいコメントを書いてくれる子が現れます。

投稿を見て，「すんばら！（素晴らしい）」⋯⇢
と感じたら，丸シールを貼ってもらいます。特定の個人の働きを賞賛する記事のときもあるので，たくさんのすんばらシールがついた記事は，その子にプレゼントしてあげると喜ぶでしょう。

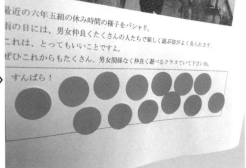

　SNSの意味がわからない子もいると思うので，SNSについての説明は導入時に簡単にすることをオススメします。

#

朝，教室に入ってくることが，ちょっぴり楽しみに！

教室ウェルカムイーゼルボード

朝教室に入るときに置いてあると，登校が楽しみになります。誕生日には，お祝いのメッセージ。その日に何か委員会の仕事がある人や業間休みに代表委員会がある人などに向けてメッセージを書くことも，リマインダーの機能を果たしてくれるのでオススメです。

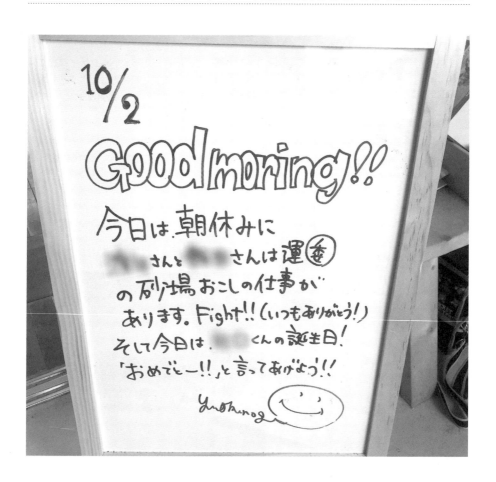

　教室SNS（p.20参照）の裏面を使って，教室の入り口にウェルカムメッセージを書いたイーゼルホワイトボードを置きます。

内容はできるだけポジティブなメッセージを書くように心がけます。

段々と,子どもたちにメッセージを書くことを渡していくと,より温かいメッセージの書かれた,愛されるウェルカムイーゼルボードになっていきますよ。

⇧時に,このようにクイズミッションを出したりします。例えば,学年の先生とたくさんコミュニケーションをとってほしいなというときは,学年の先生に関するクイズを出したりします。「もっとたくさんコミュニケーションをとりなさい！」といってもなかなか難しいですが,このようにクイズミッションにすることで,そのハードルをぐっと下げることができます。

03

「掃除しなきゃ…」が「掃除したい！」に変わる！

MMS コーナー

「やらなくてはいけないこと」を，少しでも「やりたいこと」へ変える取組の一つが，このMMSコーナーです。ぜひ創意工夫を発揮して，やらなくてはいけないことを，やりたいことへと変える試みを楽しんでみませんか？

　学校は，やりたいことだけで一日過ごすことができればいいですが，もちろん，そんなわけにもいきませんよね。学校で過ごす時間の中に「やらなくてはいけないこと」というものは，確実に存在します。

　学校にもよると思いますが，例えば，無言で清掃しなければならない，というもくもく清掃（MMS）という取組があります。この取組にも価値があるとは思いますが，「面白くてやりたいこと」ではありませんよね。

そこで，MMSにMISSONを与えることで，「やらなくてはいけないこと」を「面白くてやりたいこと」に変えます。
　「掃除 MISSON」は，掃除終了時間まで，静かに協力して掃除ができたら，アイテムがゲットできるというシステムです。前ページの写真は，「グアムの水族館を完成させよ！」というMISSONで，魚介類のキャラクターを集めていくというものです。

一つのMISSONが終わったら，また新しいMISSONのアイテムを作成します。右は，「MMS太郎を成長させよう」というものです。名札や，紅白帽子，ランドセル，時計など様々なアイテムを身につけて成長していきます。最終的には大人になっていきます。

　子どもたちから，「どんなMMSミッションだと（どんなアイテムがもらえると）燃えるか？」を聞いてみると，より「やりたい」イベントに変化させることができます。

※職場の先輩の先生の実践を参考にさせていただきました。

04

消しゴムのかすだらけの床も，これでスッキリ！
「ケッシーを復活させよう!!」

消しかす集めという面倒くさい作業を，「ワクワクするような，ポジティブな行動」を促す実践へと変えていきましょう。子どもたちは，ケッシーを復活させてあげたいので，一生懸命消しかすを集めてくれます。教室にもっと，創意工夫を！

　教室に「消しゴムのかす」がたくさん落ちていること，ありませんか？意識してゴミ箱にこまめに捨てないと，すぐに教室の床は消しゴムのかすだらけになりがちですよね。あまりにも汚くて「早く拾いなさい！」と声を荒げてしまうことも…。そこで逆転の発想を。

　消しかすを集めて，「ケッシーを復活させよう!!」と題して，消しゴムのかすを集めたくなるようなチャレンジに変えます。

教室コーナー

⇧ 復活したケッシー君は，壁面コラージュ（p.78参照）に飾られます。画用紙に両面テープを貼り，その上に，集めた消しゴムのかすをつけていくと，ケッシーが完成します。一年間で，何号までのケッシーをつくることができるでしょうか？

05
読書意欲をそそって，子どもたちともつながる！
クセの強い学級文庫コーナー

学級文庫を子どもたち同士，そして，先生と子どものコミュニケーションツールとして捉え直すと，面白い学級文庫コーナーができあがるかもしれません。先生の色を出して，子どもたちとつながってみませんか？

　学級文庫に新しい風を。ということで，皆さんの学級文庫に並べられている本はどんな感じでしょうか？歴史漫画，ぼろぼろの表紙になってしまった小説，大きな図鑑などは学級文庫にはよくありますよね（ちなみに僕のクラスにも置いています）。今回，僕のクラスのクセの強い学級文庫の中身を，少しだけ紹介させていただきます。

　僕のクラスでは，

・キャンプの雑誌　・音楽の雑誌　・建築の雑誌　・感動した絵本
・なぞなぞ，心理テスト本　・マンガでわかる○○シリーズ
・アクティビティ本　・画集

などを実際に教室に置いています。

　教室にこんな本を置いて大丈夫かな…。と心配になるかもしれませんが，学級文庫の設置目的を「コミュニケーションツール」と捉えると，もっと広い視野で子どもたちの感性を揺さぶるような面白い本を並べることができるかもしれません。

　イラスト好きな子はそれを見ながらマンガを描いたり，工作の本を読んで工作を始めたりする子もいたりして面白いですよ。

学級文庫ランキングで読書意欲をそそるのも，面白いです。

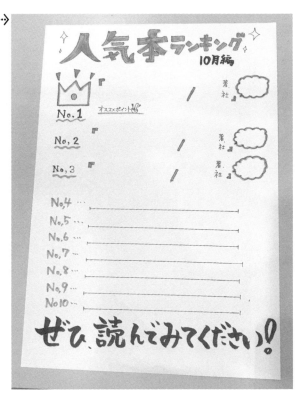

　ぜひ読者の先生の皆さんも，ワクワクするような学級文庫コーナーをつくってみてください。

06

ついつい見て手に取って，読書をしたくなる！

気になる POP コーナー

本屋さんや雑貨屋さんに行くと，ついつい見てしまうのが POP です。魅力的な POP がついていたら，無意識に手に取って商品を見てしまいますよね。そこで，教室に導入です。手に取ってほしい本や，係活動の成果物があるときに，POP が力を発揮します。

このPOPは，まず色がカラフルで目を引きます。また，書く面積が限られているので，一言でズバッとその物を紹介するキャッチコピーを考えるようになります。フォーマットを作成しておいて，キャッチコピーを子どもたちに書いてもらえば，より魅力的なPOPになるでしょう。

　ワクワクするような，不思議な魅力をもったこのPOPの用途はたくさんあります。作成方法を以下で紹介しますのでぜひ，皆さんも教室で作成してみてください。読書を盛り上げましょう！

① 色画用紙を半分に折って広げます。
② 下半分にPOPをマジックなどを使い書きます。クラスメタファーなどをモチーフにすると，身近なものに感じてくれるでしょう。

↑上のPOPはポップコーンがモチーフです。

　パウチすると，長持ちして使えます（百均に売っているメニュー立てなども使えます）。そのまま，立てて使っても支障はありません。

07

コミュニケーションが苦手な子も楽しくつながる！

漫画家コーナー

スクリーントーン，Gペン，筆ペンなどを漫画家コーナーに常備しておき，誰でも使用していいようにしておきます。興味をもった子が使い始め魅力的な作品を作成したり，他の子も真似して漫画家のアイテムを使い，漫画を描いたりして交流が生まれます。

僕は，漫画を描くことが好きです。この年は，クラス内にたくさん漫画を描くことが好きな子どもたちが多かったので，特別に「漫画家コーナー」を作成しました。

　子どもたち同士でストーリーやコマ割り，アニメーションの効果などを教え合い，教室に一つのコミュニティを形成していました。イラストを描くことがとても上手ですが，コミュニケーションが苦手で一人ぼっちになりがちだった子が，たくさんの子とつながるきっかけをこの漫画家コーナーが提供してくれました。

右は手作りの枠つきのネームノートです。いろいろな種類のコマ割をしたネームノートを大量に印刷して置いておくと，すぐに漫画を描き始められるのでオススメです。

　この年は偶然漫画家コーナーでしたが，先生の強みや，その年のクラスの子どもたちに応じて必要なコーナーを作成できるといいですね。

感謝の気持ちを贈り合う，あったかシステム！

HAPPY & THANKYOU ポスト

面と向かってありがとうをいうのは，なんだか恥ずかしい…。でも感謝の気持ちを伝えたい！という想いにこたえます。途中で先生を経由することで，直接本人に渡すのは勇気がいる子の背中を押すことができ，気軽にメッセージを送ることができるようになります。

誰かに何か感謝の気持ちを伝えたいとき，何かいいことがあってみんなに伝えたいときに，ポスト横に置いてあるメッセージカードに記入します。
　そして，このポストにメッセージカードを投函すると，先生がそのメッセージを確認して本人に届けるシステムになっています。

教室コーナー

⇧ メッセージカードをもらったら，今度は誰かにメッセージカードを書いてあげようというルールにすると，クラス内にポジティブな雰囲気が生まれやすくなるかもしれません。いわゆる「恩送り（ペイフォワード）」を具体化した実践となっています。

　メッセージカードも百円均一で購入できる，少しオシャレな物にすると「メッセージを贈りたい！」という気持ちになりやすいかもしれません。

〈参考文献〉
・古川光弘『「古川流」戦略的学級経営　学級ワンダーランド計画』（黎明書房）

教室に「余白」と「遊び心」を生みだす！
インターホン・ボタン・リモコン

教室は，効率化を求めることが多く，このように何の意味ももたないような，でも遊び心をくすぐるコーナーはほとんどありません。そんな教室に，もっと余白を。創造性は余白から生まれます。

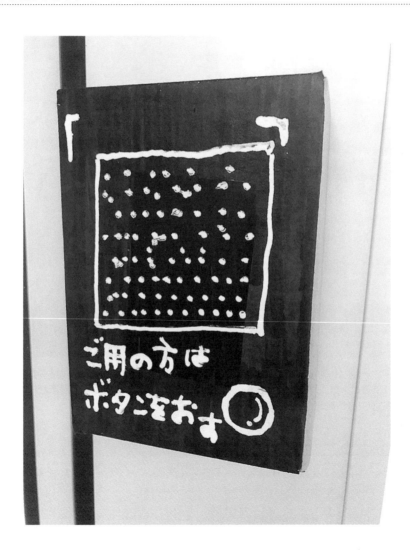

教室の入り口にインターホンを設置しています。押しても音は鳴りませんし，誰も出てきません。まったく意味がないのですが，面白がって押す子がいます。他のクラスの子も興味をもって押しにきたりすることもあります。もちろん，押しても何の反応もないのですが，一生懸命にインターホンを押す姿が面白く，笑えます。子どもたちも笑いながら，押してくれます。

押しても何も起こらないボタンです。「押すなよ！」という言葉でカリギュラ効果をねらい，押してもらいます。ほとんど何も起きませんが，たまに何かしてあげると楽しい雰囲気になるかもしれません。

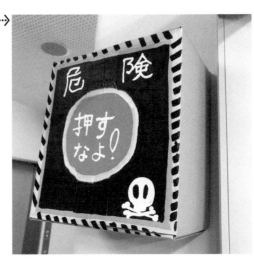

モノマネ，ギャグ，マネキン，英語，ジャンプ，方向キーが書いてあるリモコンです。休み時間で，心と体に余裕があるときに，子どもに遊んでもらいましょう。コマンドは先生が自由にカスタマイズしてください。

10

雨の日に，たまにやるとすごく仲良くなれるゲーム！

手作りすごろくコーナー

　手作りすごろくなどを作成し，教室に置いておきます。すると，雨の日などに退屈して過ごしている子が，それを使って楽しんだりする様子が見られるようになりました。子どもたちも真似をし，発想力豊かなすごろくなどを作成して楽しんだりし始めますよ！

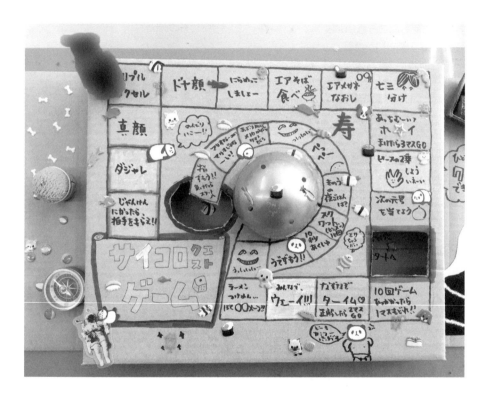

　トランプやボードゲームの持ち込みが禁止されている学校も，多いと思います。そこで，考えたのが手作りのボードゲームです。既製品は禁止でも，「手作りのボードゲームならOK」という謎のルールが適用される学校も結構あるという話を聞きます。なので，そのような学校なら，ダンボールや色画用紙などで手作りのボードゲームを作成するのもありでしょう。

教室コーナー

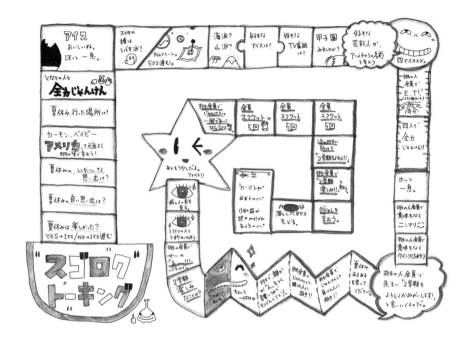

　この手作りボードゲームには工夫があり，始めは心理的にもハードルの低い課題が書いてありますが，段々とゴールに近づくにつれて，協力が必要になっていったり，若干心の壁を下げないとできない課題が書いてあったりと，構成的エンカウンターの要素ももち合わせるように作成しています。

> 始めの方のマス⇒「隣の人とじゃんけんして勝ったら一マス進む」「好きな食べ物は何？」「年越しの瞬間は何をしていたの？」などの比較的答えやすく，やりやすい内容のマスを用意します。
> ゴールに近いマス⇒「前の人と腕相撲。勝ったら２マス進める」「ダジャレを言う」「全員でアー！！！と叫ぶ」などの少し心の壁を下げないとできないようなマスを意図的に設定し，少しでも仲良くなれるような工夫をしています。

〈参考文献〉
・國分康孝『エンカウンターで学級が変わるショートエクササイズ集』（図書文化社）

11

雨の日だって，楽しく過ごしたい！

教室ゲームセンター

雨の日の教室を，もっと安全に，楽しく。教室ゲームセンターはいかがでしょうか？学校によっては，手作りボードゲームも禁止されているところもありますので，その学校のルールの中で最大限創意工夫してください。

教室コーナー

　雨の日の教室で子どもたちは，外で遊べずに鬱屈とした気分になってしまい，教室や廊下を走ったりしてしまい先生に怒られる。そんなことが起こりがちですね。なので，雨の日限定で「教室ゲームセンター」を開店しました。
　子ども手作りのピンボールや，ロングテーブルビー玉ボウリングなど，子どもたちは自由な発想で面白いゲームを次々開発していきます。

←…ロングテーブルビー玉ボウリング…ベンチを並べて，ボウリングのレーンを作成します。スタート地点のビー玉をデコピンではじいて，奥にある的を倒すというシンプルなゲームですが，盛り上がります。

ダンボールとビー玉と割り箸で作成した手作…→りビリヤードです。クラスにビリヤードが得意な子がいたので，いろいろ聞きながら作成しました。カーリングや，エアホッケーなども面白そうです。

教室に農園をつくって，優しい気分に！
ベランダファーム＋教室グリーン

毎日水をあげたり，少しずつ育っていく植物を愛でたりすることで，慈愛の心も育ちます。毎日少しずつ育っていく植物を観察するのは，何だかとても愛しいです。教室に，農園を。皆さんの教室にもいかがでしょうか。

　ベランダを有効活用することを考えたときに思い浮かんだのが，「ベランダファーム」です。ベランダで野菜を栽培して，収穫する。
　子どもたちとそんなことができたらいいなと思って，この取組を始めました。収穫ができたら，大事に育ててくれた子にプレゼントをして，おうちで料理に使ってもらいましょう。

教室コーナー

↑教師用の棚の上を植物で飾ると,心が安らぐ空間が生まれます。

↑ベランダは外なので,台風や風の強い日は植木鉢が飛ばされて危険です。ご注意ください。

13

教室に生きものがいると，温かい雰囲気になる！

教室水族館コーナー

生きものが大好きな子は，このコーナーが大好きで，生きもの係として，本当に毎日大切に魚たちを育ててくれています。魚たちをより良く育てるために，水質管理や，ストレスを与えない育て方などを自分で調べてくる子も出てきます。

　教室にアクアリウムを置いています。飼育しているのは，子どもたちが休日の釣りで釣ってきたハゼや，理科の学習のために購入したメダカ，ウーパールーパーなどです。

　子どもたちが楽しそうに話していて手持ちぶさたなときに，話しかける存在として心のオアシスになってくれます。いつの間にかクラスの一員として欠かせない存在になっていきます。

水草や，隠れ場所になるレンガなどは百均で購入できます。レイアウトを子どもたちに考えてもらうと，愛着のわくアクアリウムが完成しますよ。

教室コーナー

⇧魚たちに名前をつけて，愛着をもって育ててくれています。

　生きものを飼うということは，重い責任を負うことになりますが，学ぶこともたくさんあります。

14 クラスお守りコーナー

運動会，修学旅行などの成功をみんなで願おう！

行事前にこのお守りを作成することで，クラスに適度な一体感と温かさが生まれます。行事終了後は，お札に書いたことが達成できたかどうかを振り返ると，学びが深まります。お守りコーナーは，クラスの歴史を表しており，温かさを感じさせてくれます。

教室コーナー

　職場の先輩に教えていただいた実践です。親善球技大会，駅伝大会，運動会，修学旅行などの一大イベントの際に作成するのが「お守り」です。
　画用紙で大きなお守りの袋をつくり，中に一人ひとりが願いや目標を書いた札を全員分入れます。初めて作成するときは先生が見本をつくって，二回目のお守りづくりはやりたい子に任せると，素敵なものを作成してくれます。マスキングテープやリボンを使うと，より素敵なお守りになります。

↑お守りの大きさは，色画用紙（B4）くらいが迫力があっていいと思います。

〈参考サイト〉
・「TOSSランド」（河野博一「かならず盛り上がるバスレクゲーム集〜バスレクの王様になる〜番外編」）

15

忘れ物しても OK！ 文房具はここから借りていいよ！

レンタルショップ「借り屋」

文房具のレンタルショップ名づけて「借り屋」です。「授業で使うコンパスを忘れてしまいました…」「もう授業は始まっているわ。自分でどうにかしなさい！」という不毛なやりとりももう不要です。

何か忘れ物をしたときは，この借り屋から借りてもいいというルールです。ちゃんと借りる際は，係の店員さんの許可を得なければなりません。そして，当日返却が原則です。

・コンパス　・分度器　・三角定規　・とがった鉛筆　・消しゴム　・修正液
・赤ペン　・定規　・はさみ　・のり　・消しゴム　・色鉛筆　・油性ペン
・ふせん　・鉛筆削り

など授業で使う物は一通り揃えております。
　忘れ物をして困っているときは，ぜひ当店をご利用くださいませ。

借りたい物がある人は，ショップ横にある台帳に「借りた物・名前・日付」を書きます。原則借りられる期限は「本日中」です。ずっと返さないと，ショップ店員さんから返却の催促がやってきます。

　百均で購入できるダンボールの整理箱を組み合わせれば簡単に作成できます。はさみをかけるフックなども一緒につけると収納がきれいにできるのでオススメです。
　このショップが教室内にオープンしてから，忘れ物に対して怒ることが減りました。忘れたなら，貸してあげましょう（次回は持ってくることを約束して，信じましょう）。

16

イメージを共有しにくい学級目標を，もっと身近に！

学級目標メタファー

学級目標だけでは，どうしても文章だけなのでイメージが湧きにくいものです。そこで，身近な物に感じ，本気で目指したいと思える目標にするために，「何か具体的な物」にたとえるようにすることで，ゴールイメージを共有しやすくします。

上の写真は平成29年度の学級目標メタファー（比喩）の「アイスクリーム屋さん」です。それぞれアイスクリームのイラストは異なりますが，32人全員が全員違う味や個性をもっていて，みんなが一人ひとり強みを出し合えるようにすることで，初めて素敵なクラスになるという願いが込められています。

学級目標メタファーは，次のようにつくります。

❶ 学級目標に入れたいキーワードを考える。
❷ 学級会で話し合って学級目標を作成する。
❸ クラスのらしさや目指す学級目標に合う「メタファー」を考える。

平成30年度の学級目標メタファー「ポップコーンズ」です。「はじけるときは思いっきりはじけて，でも，やるときは協力して全力でやるクラスにしたい」というメリハリ・楽しく・協力・思いやりをイメージしたメタファーになっています。

教室掲示

子どもたちからデザインを募ったり，書いてもらったりすると馴染みのある温かい掲示物となります。

以下は，学級目標メタファーの例です。

みかん	…つぶつぶが一杯詰まっていて，団結力がある
納豆	…最後まで諦めない粘り強さがある
ガチャガチャ	…何が出てくるのかわからず，ワクワクする
ホールケーキ	…スポンジ，クリーム，フルーツが重なり支え合っている
おでん	…一つひとつに味があって，時間が経つほど美味しくなる
ビー玉	…ビー玉のようにキラキラして綺麗である
家	…みんなが家族のように感じることができるくらい温かい

〈参考文献〉
・伊垣尚人『子どもの力を引き出すクラス・ルールの作り方』（ナツメ社）

17

連絡帳を書くことも，ワクワクのイベントに！

手作り賞状

　日常生活の取組に少し工夫を加えることで，「やらなくてはいけないこと」を「やりたいこと」に変えます。「連絡帳を書かなくてはいけない」を「連絡帳を書きたい」に変え，さらに，おまけで賞状が貰えたら嬉しいという取組です。

　硬筆展や絵画展で賞状をもらえる子は，年間で数人です。9割の子たちは，賞状をもらえません。そこで，もらえなかった子も嬉しくなれる取組を！ということで，始めたのがこの「手作り賞状」です。

　例えば，僕は毎日の連絡帳チェックの際に，字の丁寧さに応じて級をあげています。丁寧だったら＋1級，ものすごく丁寧だったら＋2級です。字のうまさではなく，丁寧さを評価します。100級ごとに表彰されます。

　手作り賞状をもらって嬉しかった子が，今度は誰かに手作り賞状を贈り感謝を伝えたいと思い，作成したりするようにもなりました。連絡帳を書くことすらもワクワクのイベントに。ぜひ皆さんの教室でもお試しください。

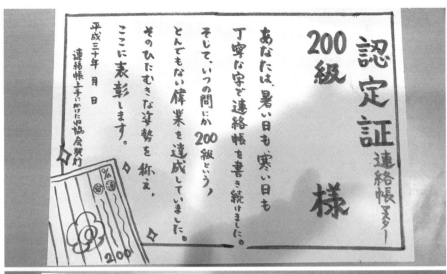

↑ 休み時間をたくさん使って練習などに励んでくれた応援団や，修学旅行の実行委員など，特別な役割を果たしてくれた子にも賞状を贈ります。

〈参考文献〉
・三好真史『子どもがつながる！クラスがまとまる！学級あそび101』（学陽書房）

18

メタ認知で,「望ましい行動」がクラスに広がる!

日常マンガ劇場

僕はマンガが大好きです。文字が多めの小説などはあまり頭に入ってこないのですが,マンガだとスルスル頭に入ってきます。日常生活を,マンガに。教室に,もっとユーモアを。いかがですか?

クラスの日常を，マンガにして掲示してみるという試みをしています。子どもたちも，自分たちの会話や授業の様子がマンガになるのが嬉しいようで，掲示された瞬間に読んで笑ったりしてくれます。

　この掲示に影響を受けて，クラスマンガを描き始めたりする子もいます。また，よい行動などもマンガ化するので，クラスに「望ましい行動」が広がりやすくなったりもします。キャラクターにクラスの様子を実況させるようなマンガを作成すると，クラスの様子がメタ認知しやすくなります。また，クスッと笑えるような，日常の出来事をマンガ化することで，クラス愛のようなものがじわじわと形成されやすくなります。

教室掲示

次の学習の単元の概要を漫画にして伝えるのも効果的です。スムーズに新たな学習に入ることができます。

　マンガは難しいという方は，四コママンガでコマ割りを作成すると，描き始めやすいのでオススメです。

〈参考文献〉
・イトウハジメ『イトウ先生、授業の時間です。』（KADOKAWA）

19

運動会でオトそう！ たくさん笑うと幸せな気持ちに！

大喜利「こんな○○は〜」

子どもたちの発想は本当に面白いです。そこで，クラス大喜利を開催します。大喜利板に，お題を書き黒板にセッティングしておくだけで，子どもたちはユーモア溢れる回答をどんどん書き込んでいきます。

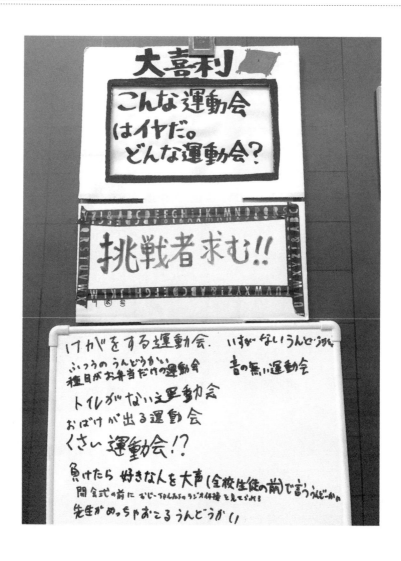

黒板に大喜利のお題を掲示し，答えてもらうという取組です。
例えば，運動会シーズンに，「こんな運動会はイヤだ。どんな運動会？」というお題を出します。子どもたちは「種目がお弁当だけの運動会」や「ラジオ体操だけで終わる運動会」など，面白い答えが並びます。
中には，「先生がめっちゃ怒る運動会」などの本質を突いた回答もあり，そこから，
「先生にめっちゃ怒られる運動会ってつまらないよね。そうならないためには，どうしたらいいかな？」
などと広げることもできます。

> 教室掲示

大喜利板は，次のように作成＆使用します。
① ダンボールの真ん中を切り抜き，お題が書けるようにして，その下にホワイトボードを設置します。
② 人が嫌な気持ちになることは書かない約束を確認します。
③ 発想力を生かして，笑えるような回答を書いてほしいことを伝えます。

お題の例は，次の通りです。

・こんな運動会は嫌だ
・こんな修学旅行なら最高
・こんな修学旅行は嫌だ
・こんな卒業式は伝説になる
・こんな授業参観は参加したくない
・こんな学校なら毎日来てみたい
・こんな授業は世界初　など

ぜひ，子どもたちのユーモラスな回答を楽しんでみてください。

20

特別な日をお祝いして，チャンスを逃さない！

お誕生日色紙

教室の一角にお誕生日コーナーがあることで，その子の誕生日がみんなにあらかじめ伝わり，誕生日の日はたくさんの友達に「おめでとう」をいってもらうなど，ほほえましい姿を見ることができます。

　皆さんは，クラスの子どもたちの誕生日に何かプレゼントを渡していますか？

　歌が得意な先生は，歌を。話が得意な先生は，何か面白い話を。手品が得意な先生は，新しい手品を。と工夫されている先生方もいらっしゃることでしょう。

　僕は誕生日に，イラストを描いた色紙をプレゼントしています。

なぜかというと,特技がイラストだからです。時間をかけずにクオリティの高いプレゼントを作成できるので,特別な誕生日という日にプレゼントすることを毎年続けています。

↑ 平成30年度は,一人ひとりの似顔絵か好きな動物・キャラクターを描いてあげていました。あえて,色を塗らずにプレゼントすることで,塗り絵になるという楽しみを残しました(色を塗るのが面倒だったわけではありませんよ。ええ。決して)。

　教室の壁にある「誕生日コーナー」には,その月の誕生日の子の名前を書いたポスターを掲示します。そこにプレゼントの色紙を一緒に掲示しておくことで,渡し忘れを防ぐことができます。
　誕生日を忘れられてしまうと,悲しい思いをすることになってしまうので,そのような防止策を採用しております。

進捗の可視化で,励ましの言葉を贈る機会が増える!

一人一役当番＆委員会ボード

職場の先輩に教えていただいた実践です。皆さんのクラスでは,一人一役当番というものはありますか？ もしあるとしたら,少しの工夫で可愛らしい掲示物に変えるアイデアを紹介したいと思います。

　上の写真の委員会ボードは,仕事をしたら,「仕事完了！」となるタイプのものです。当番の仕事の進捗が可視化されるのが,いいところです。高学年の委員会の仕事は曜日ごとに違うので把握しづらいのですが,このボードがあれば一目瞭然です。

　必要な物は,百円ショップで購入できる,「お薬カレンダー」と「暗記カード」のみです。

① **仕事が終わったら，自分の札を裏返します。**

　百円ショップで購入できるお薬カレンダーを用意します。

　人数分のポケットに，暗記カードをばらした紙に，当番を記入していきます。

　このときに，朝から時系列で当番を配置していくと，順番に文字が完成していくのでお勧めです。

② **仕事が完了したら裏返していき，メッセージが完成！**

　例えば，右のクラスは32人なので，32文字の文章になるようにしました。「ONE FOR ALL，ALL FOR ONE〜一人は皆のために，皆は一人のために」です。

　完成する文字は，ポジティブなメッセージにして，少しでも子どもたちが「完成させたい！」と思えるようなものにした方がいいですね。

〈参考サイト〉
・「TOSSランド」

22
「めんどくさい」「だるい」をユーモアで克服！
NG → OK ＆リフレーミングパネル

教室で「めんどくさい」「だるい」「はあ」なんてマイナスな声がたくさん聞こえてくると雰囲気はどんどん悪くなりますよね。そこで、NGワードをOKワードに変換して促すパネルを作成して掲示しています。

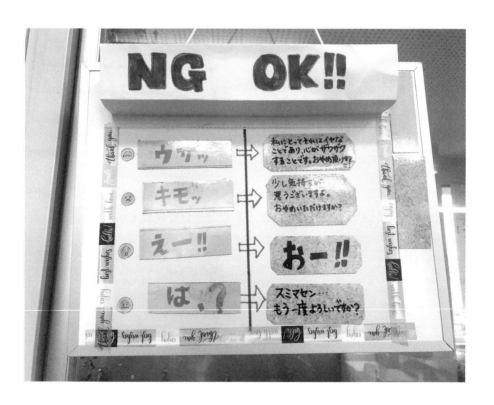

　授業中や、休み時間にNGワードが聞こえてきたら、子どもたちに確認しながらNGワードパネルに登録します。同時にNGワードを、OKワードに変換します。左にNGワード、右にOKワードを書いたカードをパネルにセットして登録完了です。NGワードが聞こえたら、OKワードに変換させてみましょう。指導に正面突破の正攻法だけではなく、もっとユーモアを。

ネガティブ→ポジティブは，次のように変換します。
① 落ち着きがない→元気がある
② 大人しい→よく考える
③ 泣き虫→感受性が豊か
④ わがまま→自己主張ができる
⑤ 無鉄砲→勇気がある。リスクテイカー
などのように，「リフレーミング」を上手に使って言い換えます。

ＮＧワード→ＯＫワードは，次のように変換します。
① キモ！→ちょっと気持ちが悪いですよ。やめてください。
② はあ？→すみません，もう一度おっしゃっていただけますか？
③ うざ。→少し気分を害したので，おやめいただけますか？

リフレーミングパネルは，将棋をイメージして
作成します。「成駒」をイメージして，表と裏
で「ポジティブ」と「ネガティブ」を対比して，
可視化します。
黒字→ネガティブ
赤字→ポジティブ
にすると，見やすいです。

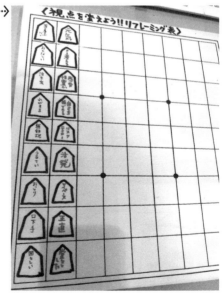

〈参考文献〉
・岩澤一美『聞く・話す・伝える力をはぐくむ　クラスが変わる！子どものソーシャルスキル指導法』(ナツメ社)

23

これで次の授業準備もバッチリ！

未来マンガポスター

「○○しなさい！」とヒステリックにいっても，あまり効果はありません。なので少しユーモアを交えて，あるべき姿を語り，ワクワクしながら実現できるようにしたいとの思いから始めた取組です。

未来マンガとは，これから起きるであろう未来がマンガ化された物です。これが黒板に貼られたら，マンガに描かれていることが実現するように動いてみよう!!というルールです。
　例えば，給食の時間に課題があるとしたら，望ましい給食の時間を未来マンガにします。例えば，給食の準備時間，食器をきれいに返す，後片づけは当番同士で声をかけ合って素早くなどです。

　未来マンガは，次のように活用します。
① 未来マンガに描かれていることを実現したら，チェックボックス（☑）にマグネットを貼り，達成度を可視化します。
② 全部達成できたら，ビー玉を貯めたりするなど，ちょっといいことがあるのも面白いかもしれませんね。

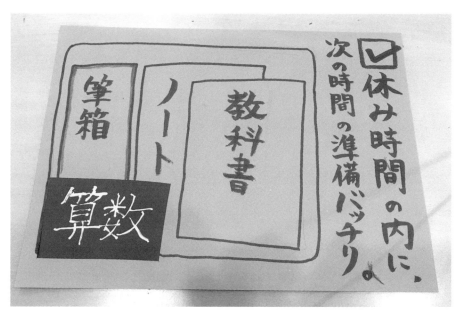

⇧未来マンガは給食の時間だけでなく，日常生活でも活用可能です。例えば，休み時間のうちに，次の時間の授業準備をしてほしいときは，こんな感じにします。

24

既習にすぐアクセス！ 学びを深める！

可動式「学びの足跡」

学習したことを掲示するコーナーって結構スペースを取りますよね。そして，いつの間にか更新されなくなってしまう。その原因は費用対効果を実感できないからだと思います。そこで，可動式掲示物はいかがでしょうか？

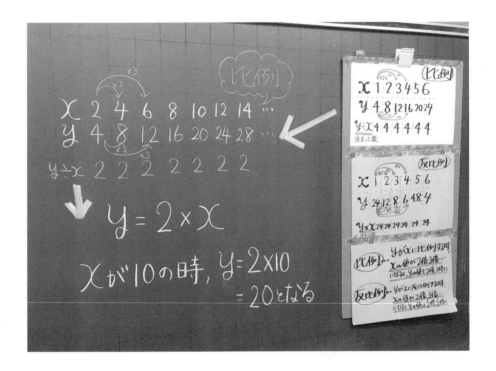

　ウレタンボードに，授業で使った写真やまとめの画用紙を貼るだけで完成です。

　普段は，学びの足跡コーナー（背面黒板）に掲示されていますが，授業のときには取り外して黒板の右端にマグネットで貼っておくだけで，強力な授業支援ツールへと変化します。

　いつでも既習にアクセスし，学びを深めるアイテムです！

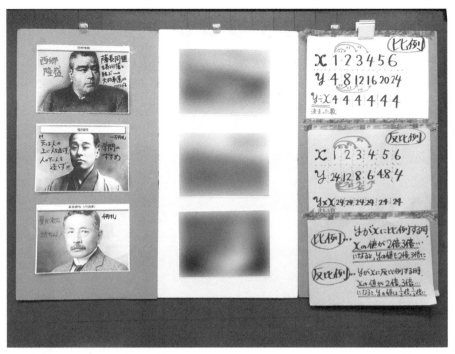

⇧ 歴史の授業で、時代の流れを確認したいとき、人物がしたことを確認したいときに、算数では、既習事項を確認しながら問題を解いたりしたいときに活用すると、学びが深まります。

　「持続可能性」と「費用対効果」が肝なので、大事な部分を抽出して、掲示物を作成しましょう。授業のまとめや、授業で使った資料を再利用すると、費用対効果の高いものが完成します。
　このウレタンボードはとても軽く、持ち運びも楽ちんで使い心地がいいです。ホームセンターや百均で、安く購入できるのでぜひ購入してお試しください（大きめのマグネットクリップでウレタンボードをはさむと、黒板にも貼れるようになります）！

25

新出漢字がコツコツと定着していく！
「漢字」タブレット

新出漢字をテストに出してみたら全然書けていない…。そんなことありませんか？　そんなときは，この「漢字」タブレットが役に立ちます。時計の空き箱や，ピザの空き箱などで作成できます。新しい漢字のカードを更新するのも簡単です。

毎日一つだけ新出漢字をタブレット画面に掲示します。国語の時間に読み方と書き順を確認，帰りの会などで覚えたかどうかの確認をします。黒板に掲示してあるので，一日中目につき，いつの間にか覚えます。

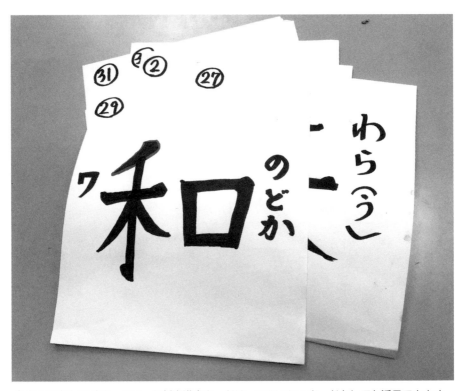

↑ 毎日更新して貯まっていった新出漢字カードは，フラッシュカードとしても活用できます。エビングハウスの忘却曲線からも，定期的に復習すると定着率が上がります。まさに一石二鳥です。

　立体感があり，一段と目を引く掲示になります。漢字の指導に困ったらお試しください！フラッシュカードにすることを考えている場合は，ケント紙などの硬めの紙を使用すると，折れにくいのでオススメです！

26

自主学習でやる気アップ＆チームビルディング！

ミッションポスター

ミッションは日常に溢れています。例えば，朝の健康観察。だらだらした雰囲気で朝から先生に叱られ，重い雰囲気に…なんてことはありませんか？　そんなときは，「一分以内でしゃきっと健康観察ミッション」に変えてしまえばいいんです。

「クラス全員で力を合わせて，一週間で自主学習合計300ページを突破せよ！」
といったようなミッションを出すことがあります。自主学習は，個人の活動になり，モチベーションの維持が難しいですが，クラスのチャレンジに変えてしまえば，ワクワクするイベントに変えることができます。

　柔よく剛を制す。そこに必要なのは固定概念を崩す，ちょっとした「アイデア」です。

↑MMSミッション（p.24参照）でゲットできるアイテムの予告ポスター。シークレットアイテムのシルエットを見ると，正体を明らかにしようと燃える子が現れます。

他にも，「クイズミッション」として，
「Q1　6年2組の先生が最近ハマっているキャラクターはなに？」
「Q2　6年3組の先生が応援している野球チームはどこ？」
「Q3　校長先生のネクタイの色は？」
「Q4　6年4組の先生が小さい時に呼ばれていたあだ名はなに？」
「Q5　6年1組の先生の筆箱にのっているキャラクターは？」
などのクイズを全部といてみせよ！（難易度★★★★★）というミッションを与えることがあります（p.23参照）。

　学年の先生や，校長先生，地域の防犯ボランティアさんなどに興味・関心をもち，つながりをもってほしいときに取り組むミッションです。直接その方とコミュニケーションを取り，答えを聞き出す必要性が出て来るので会話とつながりが生まれます。

27

MVPを一人取り上げることで、絶大な波及効果！

今日の自学すんばら

丁寧に見開きページに濃い自主学習をやってきた子にスポットライトを当て、クラス全体の自主学習のレベルアップをねらいます。過去にはたくさんのノートのコピーを掲示したりもしていたのですが、それだと大変で続かなかったのでこのようにしました。

　僕はたまに「自主学習強化週間」と名づけ、教室の入り口に、KJS（今日の自学すんばら）を作成します。自学ミッションと連動させた取組です。自学ミッションが「量」を意識した実践なら、KJSは「質」を意識した実践です。

　「すんばら」は「素晴らしい」の意味で使っています。

　「一日に一人だけでいい」という気楽さが、長続きをさせるコツです！

教室掲示

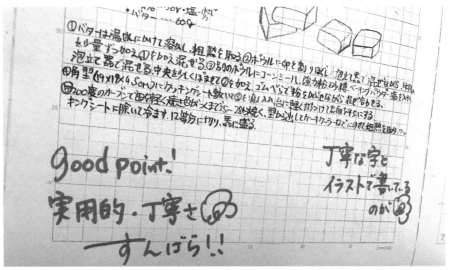

↑「一日一人」なので，丁寧に「どこが素晴らしいのか」を赤ペンでフィードバックして価値づけします。価値づけすることで，その子の自信にもなりますし，クラスの子たちが参考にする際の視点が明確になります。

〈参考文献〉
・伊垣尚人『子どもの力を引き出す自主学習ノートの作り方』(ナツメ社)

28

謎解きで，ついつい協力しちゃう瞬間を！

懸賞金ポスター

　この実践の根底に流れるのは，「意外な才能を発掘したり，普段から学習を自ら深めている子が活躍できる場を日常の中に組み込んでスポットライトを当てたい」という思いです。正解者は学級通信に名前を載せてあげたりすると，意欲に火がつきます。

子どもたちは，なぞなぞや脳トレが大好きです。そこで考えたのが「懸賞金ポスター」です。壁に掲示した瞬間，群がって問題を解きに行く猛者も現れます。難しい問題は，挑戦者同士で相談したり，知恵を出し合ったりする姿も見られ，コミュニケーションに一役買ってくれる仕掛けとなっています。

教室掲示

⇧たまに，この懸賞金ポスターでゲリライベントを仕掛けます。算数の難しい受験問題や，脳トレクイズなどを懸賞金風のポスターに書いて出題します。正解しても，懸賞金は出ませんが，賞賛を得られます。教室に，ゲリラな学びのイベントを。皆さんの教室でも企画してみませんか？

　画用紙とペンだけで簡単に作成できるので，ぜひ作成してみてください！

〈参考文献〉
・福山憲市『知的学級掲示自学のアイデア』（明治図書）

「修学旅行の思い出」を密閉保存して懐かしさに浸れる！

思い出コレクション

「あー修学旅行楽しかった‼」そんな声がたくさん聞こえてきたときに，修学旅行の思い出を密閉保存し，開けた瞬間に懐かしい思い出に浸れるような掲示物が教室にあればということで，考えたのがこの「思い出コレクション」です。

　思い出コレクションは，触れる立体掲示物になっています。

　扉には，行事の印象的な出来事が描かれた絵が掲示されています。行事を絵によって振り返ることができ，振り返り新聞を書いたりするときにも使えます。

　扉を開くと，写真や名言集やしおり，お守りなどが現れるようになっています。

行事ごとに中身を入れ替えたりしても面白いかもしれません。思い出コレクションで使用した写真は，後々「壁面コラージュ」（p.78参照）に飾ることで有効に活用します。

　デジタルフォトフレームをお持ちであれば，この箱の中に入れて映画館のようにするのも素敵です。授業参観後の懇談会などでも，多くの保護者の方が見て，楽しめるコーナーとなるでしょう。

教室掲示

↑扉を開くと，写真やお守り，名言集などが登場します。運動会や社会科見学，学芸会，修学旅行などで毎回中身を変えると常に新鮮なコーナーとして機能します。

　教室に，思い出に浸れる，「思い出コレクション」のような癒しの空間はいかがでしょうか？

思い出を,オシャレで大きな壁面のアートに！

壁面コラージュ

おしゃれなカフェや美術館に行くと,コラージュ作品があったりします。本格的なコラージュ作品をつくることはできませんが,写真や画用紙をうまく組み合わせてコラージュ風の作品掲示を簡単に作成することはできます。

　教室の壁に,コラージュ風の掲示物があるだけでデザイン性の高い空間になります。写真を貼るだけなので,子どもたちと一緒に作成すると,ランダム性のある素敵な思い出空間が誕生します。教室の壁を,美術館にしてみませんか？

　写真は行事や時期によって入れ替えていくので,掲示しなくなった写真は子どもにプレゼントします。その際は,表に子ども向け,裏に保護者向けのメッセージを書くとちょっとした素敵なプレゼントに変身します。

教室掲示

↑ 上は，プレゼントの表面です。裏面には保護者宛にお手紙メッセージを贈ります。写真つきだとより説得力のあるメッセージとなり，大事にしてもらえます。

31

これぞ WONDER の真骨頂！
ハイブリッド学級通信

写真のよさは，よりリアルに伝えることができることです。笑顔や真剣な表情，仲間と協力している姿。絵で描くよりも鮮明に伝えることができます。そこに，手書きの文字を添えることで，温かみのある文体でメッセージを伝えることができます。

写真と手書きのいい所どりをした学級通信「ハイブリッド学級通信」です。
　保育園でもらってくる便りを見ていて，「自分の娘が載っているかな？」「どんな表情でいるかな？」ということばかりを気にしていることに気がつきました。自分の娘の写真が載っていたら，とても嬉しくて大事に保存してしまいます。それから学級通信には，写真を多く載せるようになりました。
　教室にポジティブな情報満載の，温かい学級通信を。

掃除箱のあるところに「学級通信掲示コーナー」を作成しています。最大6枚ファイリングできるようにしています。毎日平均2〜3枚，多いときは6枚ほど出すので常に新しい学級通信が掲示され，新鮮味があります（新しい学級通信を貼ると，すぐに見に来てくれる子も多くいます）。

※学級通信をたくさん出すためには，自身の強みで学校組織や学年に貢献し，信用をためる必要があります。

※他のクラスの先生も自分の強みをクラスで最大限発揮できるようにうまくサポートをしたり，強みをプロデュースしたりすることも大切です。

※学級間で差が出すぎてしまうのもよくないので，学年で相談したり，書いたらコピーを渡して，通信のネタにしてもらったりすることも大切です。

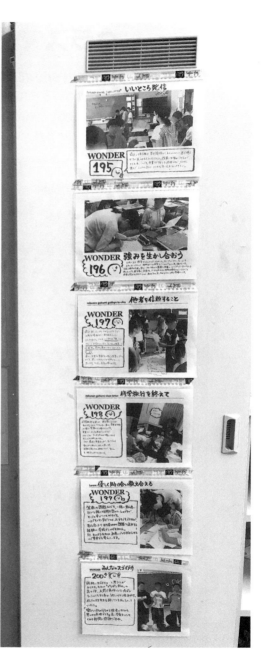

教室掲示

世界で一冊！　授業参観時にクラス愛を感じるかも！

クラスマガジン

子ども時代に心をワクワクさせながら読んだ週刊の雑誌。クラスでもそんな雑誌があったら面白そうということで始めたのが「クラスマガジン」です。クラスの日常や行事のグラビアページ，子どもたちのマンガ連載，怖い話，プレゼント企画で構成されています。

マガジンは，新たなページをどんどん更新していくため，写真アルバムで作成をしています。
　休み時間になると，集まって読んだり，マンガ係の子が更新されているかソワソワしながら確認していたり，プレゼント企画に応募してみたりと，なかなか面白い役割を担ってくれています。
　子どもたちの係活動の成果物を，「作品」としてクラスに価値づけをする取組です。

⇧ 授業参観時などに，保護者の方も楽しんで見てくれたりもします。普段はおうちで見せないような笑顔の写真があったり，我が子が描いたマンガがあったりと楽しみにしてくれているみたいです。

　この写真アルバムは雑貨屋さんなどでも購入できるので，作成してみたい方は購入してみてください。世界に一つしかないクラスマガジン。きっと，クラス愛に溢れた素晴らしいマガジンになることでしょう。

33

子どもも大人もみんな大好きなワクワク製造機！
手作りガチャポン

このガチャポンは「遊び心」をまさに具現化した物で，置いてあるだけで教室がワクワクする空間へと変化します。中身は「レクチケット」「読み聞かせ券」「大きなビー玉」などです。ガチャポンの中身を子どもたちと一緒に考えるのも，とても楽しいですよ。

キラキラと光るたくさんのカプセル。お金を入れてハンドルをガチャッと

回せばコロコロとおもちゃが出てくる魅惑の機械。それがガチャポンです。僕は大人になってもこのガチャポンが大好きで，お店で見かけるとよくやります。あまりにも好きなので，いっそのこと教室に置いてしまおうということで，手作りでガチャポンをつくり，教室に置いています。

つくり方は，次の通りです。

① いい感じのダンボールを用意します。カッターでハンドル，カプセル出口，ショーケース部分を切り抜きます。
② ハンドルはペットボトルを切り抜いて，ダンボールを貼ります。
③ ハンドルを差し込みます。

教室アイテム

④ ショーケース部分に，クリアファイルを貼り，好きなイラストや文字を書いて完成！

ガチャポンは，次のように活用します。

① 子どもたちと相談してガチャポンの中身を作成し，カプセルに入れます。
② 例えば，MISSIONを5回連続で達成したらその日の日直がガチャポンを引きます。何が出てくるかは，お楽しみ♪

〈参考サイト〉
・「プレゼントボックス！『ダンボールガチャガチャ』の作り方を紹介！」（URL：do-ra.org/2016/11/30/85417/）

34

連絡帳チェックや席替えをワクワクのイベントに！
ドキドキくじ引きBOX

毎日の連絡帳チェックをワクワクするイベントにしたい！との想いから，生まれたのがこの「ドキドキくじ引きBOX」です。クラスにこのドキドキくじ引きBOXを置いて，日常にちょっとしたスパイスを添えてみてはいかがでしょうか？

　基本的に毎日の連絡帳チェックはスタンプで行っているのですが，たまにシールをプレゼントする日を設けています。理由は単純に「たまにシールを貰えると嬉しいから」です。そして，そのまま台紙から一枚ぺたっと剥がして連絡帳に貼るのもいいのですが，少しワクワク感をもたせたかったので，何のシールが貰えるかわからないくじ引きBOXにしました。

シールも毎日分はないので，たまにやると，ワクワクドキドキのちょっとしたイベントを演出することができますよ。
　くじびきBOXに入れるシールは，少し手間ですがあらかじめ子どもたちに切るのを手伝ってもらっておくといいです。何枚かに一枚は，2つつきなどの当たりシールを設けると盛り上がります。

⇧くじは，ふせんを活用すれば30秒もあれば作成ができます。ふせんにちゃちゃっと書いて，くじびきBOXに入れるだけで完了です。これなら毎週席替えなんかも，可能ですね。

　連絡帳のとき以外でも，修学旅行のバス決めのくじ引きや，席替えのときのくじ引き，代表委員の投票箱にも使用することができるので汎用性が高いです。

35

一年間の最後,三学期は思いっきりチャレンジ!

超ビー玉貯金

いわゆる「外発的動機付け」に基づいた実践ではありますが,クラスで何か目標に向かって頑張ってご褒美がもらえたらやっぱり嬉しいです。クラスでの小さな成功体験を積み重ねていくうちに,「内発的動機付け」に基づくチャレンジに変化していきます。

　何かミッションを達成するごとに,ご褒美としてビー玉を貯めていく,というビー玉貯金を学級経営に取り入れられている先生は多いと思います。その場合,たぶん小さな容器に貯めている方がほとんどではないでしょうか?
　僕は,一学期と二学期は,百均で購入できるような小さなプラスチックの容器にビー玉を貯めていっています。そして,三学期には,約1mの高さのジュースのプラスチック瓶を,「超ビー玉貯金」として貯めていきます。
　超ビー玉貯金は一,二学期に貯めたビー玉すべてを入れてスタートします。超ビー玉貯金が一杯になったら,盛大なパーティーを開きましょう。

小さなビー玉ではなかなか貯まらないので，大き
なビー玉や，ガチャガチャのカプセルを使うのも
盛り上がって面白いです。

ミッションは，次のようなものを行います。

・給食準備タイムアタック○分以内（始めは簡単に達成できるタイムで）
・同学年の先生にあいさつ対決○勝
・朝の歌○○まで聞こえたら

　ミッションを成功させて，小さな成功体験を集団で積むコツは「始めは，具体的かつ達成可能なミッション」を設定することです。

　例えば，「友達に優しくしよう」「何かいいことをたくさんしよう」などは抽象的で，達成できたかが曖昧になるので，あまりオススメしません。「給食準備タイムアタック」も始めからギリギリ達成できるレベルではなく，余裕をもってタイム設定をして，少しずつタイムを縮めていった方が，達成感が味わえて集団肯定感が生まれやすいです。

　超ビー玉貯金で，一年間の盛大なフィナーレを飾りませんか？ 最後のフィナーレは大歓声となることでしょう。

〈参考文献〉
・岩瀬直樹，ちょんせいこ『よくわかる学級ファシリテーション①かかわりスキル編』（解放出版社）
・静岡教育サークル「シリウス」『朝の会＆帰りの会アイデア事典』（明治図書）
・金大竜『日本一ハッピーなクラスのつくり方』（明治図書）

36

給食の話のきっかけやネタが生まれる！
給食トークカード

給食の時間なので，基本的には好きに過ごせばいいと思うのですが，「本当は話してみたいんだけど，話のきっかけやネタがない！」と感じている子がいることを交換日記で知ってから始めた取組です。給食の時間を，いつもよりちょっぴり楽しく。

　給食の会食のとき，相性がよく盛り上がって楽しい雰囲気で食事をすることができる班もあれば，みんなが静かに黙り込んで下を向きながら話しているなんて班もあるかもしれません。

　なぜ話せないかと子どもたちに聞いてみると，一番多かった回答が，「意外と共通の話のネタがないから」でした。給食トークカードがあれば，恥ずかしがり屋さんも，楽しい雰囲気につられてついつい会話を楽しむきっかけを生んでくれるかもしれませんよ。カードの例は，以下の通りです。

ゲーム系
・マジカルバナナで10回連続成功せよ
・山手線ゲームで15回連続成功せよ
・3文字しりとり30回連続達成せよ
・笑ったら負けゲームをして勝ち残れ
・タケノコニョッキで10までカウントせよ　など

コミュニケーション系
・班の人の好きな芸能人を聞き出せ
・班の人の意外な趣味を聞き出せ
・班の人が最近面白いと感じているＴＶ番組トップ3を決めよ
・脳トレ問題を班で解け　など

問題解決系
・モラルジレンマ系問題
・無人島に持って行くなら…
・ＡとＢどっち派？
・世界で一番大きな声を出す動物は何か推理せよ　など

会話系
・体育のサッカーの作戦を話し合おう
・係活動でやりたいことを話し合おう
・ビー玉パーティーでやりたい企画
・運動会のスローガン決め
・修学旅行の部屋では何をして過ごすか　など

遊び心系
・12：45分になった瞬間に，意味もなく笑おう
・12：50分～55分までは英語だけで会話しよう　など

教室アイテム

〈参考文献〉
・溝越勇太『全員が話したくなる！聞きたくなる！トークトレーニング60』（東洋館出版社）

37

テンションの低い朝の会すらも楽しいイベントに！

ウタボス

「朝の会の歌声が全然出なくて，朝から雰囲気が重くなってしまう…」そんな悩みをもたれている方，多いのではないでしょうか？ 基本的に朝は声が出づらいです。その中でも歌いたい！という思いがあるなら，この「ウタボス」が役に立つかもしれません。

　このウタボスは，歌のポイントを可視化し，楽しい雰囲気でリラックスして歌う空気をつくるのに一役買ってくれます。歌のゲーミフィケーションをねらった取組です。

　使い方も非常にシンプルなので，よろしければ試してみてください。教室にもっと，元気な歌声を。そして，もっと楽しい雰囲気の朝の教室を。

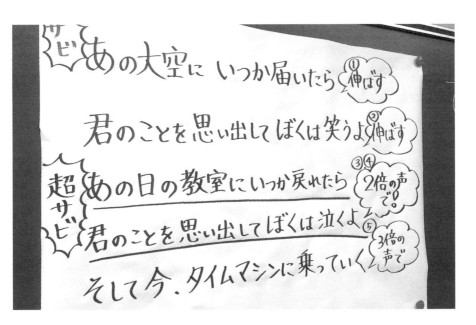

① 朝の歌のところでウタボスを黒板の右端に貼ります。
② 歌声によって，ウタボスを上下させながら，ゴール地点に動かしていきます。
③ サビ部分は先生との対決です。先生より大きな声が出ていれば合格ラインに近づきます。
④ 見事「合格」ラインにウタボスがたどり着いたら成功です。
⑤ ポイント数に応じてビー玉ゲットなどにすると燃えるかもしれません。

〈参考文献〉
・三好真史『子どもがつながる！クラスがまとまる！学級あそび101』（学陽書房）

愛らしくて，授業でも学級会でも大活躍！

黒板キャラクター

　今回は，たくさんある黒板アイテムの中から，よく使う黒板アイテムを厳選して紹介します。黒板アイテムが果たす役割は無限大で，授業の内外を問わず大活躍してくれますよ。ぜひ，皆さんの教室にも愛らしい黒板アイテムを置いてみませんか？

　黒板を可愛らしく彩ったり，授業の進行を助けてくれたり，視覚的な支援物として活躍するのが黒板アイテムです。課題・問題・まとめなどの黒板アイテムはほとんどの教室にあると思いますが，今回はあるとちょっと便利な「黒板キャラクター」を紹介します。
　わざわざ購入しなくても，画用紙などですぐに作成できるので重宝します。

右は，学級会の進行を見える化し，助けるアイテムで，賛成・反対マグネットです。百均のマグネットに，油性ペンで笑顔と悲しい顔を描いただけの簡単な物になります。すぐに作成できて，費用対効果に優れたアイテムです。

以下は，実際の授業での活用例です。

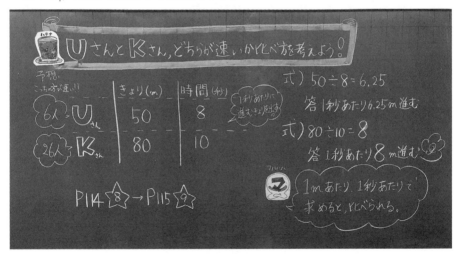

算数の授業で，問題・課題・見通し・まとめなどでこの黒板キャラクターたちは大活躍をします。教科に応じて，必要な黒板キャラクターを作成するのも楽しいです。

教室アイテム

39

道徳の授業で使える，教室と社会をつなぐアイデア！

「意識高い系」キャラ

社会と教室のギャップは少ない方がいいと考えているので，僕も教室で企業で使われるような難解な横文字を使うことがあります。そんなときに，少しでも子どもたちの理解を助けるアイテムを，ということで考えたのがこの「意識高い系」キャラです。

　ファシリテーター，WIN－WIN，リスクテイカー。世の中には，いわゆる「意識高い系」の方たちが好んで使う言葉が存在します。なぜ，そのような難解な横文字を使うかというと，その言葉が最も伝えたいことを端的かつ,

的確に伝えてくれるからです。「意識高い系」キャラは，子どもたちに伝えたい大事なお話のときに特に効果を発揮してくれます。難解な言葉が，アイテムの力を借りて馴染みやすい言葉に変化したとき，クラスでも通用する共通言語に変化します。その時々で，ベストな言葉を選びたいですね。

↑子どもたちには，「わかりやすい！」と好評です。

キャラクター例は，以下の通りです。

・クリエイティブ→クリエイティブルドッグ　・コミット→コミッ刀（とう）
・イシュー→イシュークリーム　・シナジー→シナ爺
・フィードバック→フィードバッ君
・プライオリティ→プライオリティーシャツ
・ブラッシュアップ→ブラッシュアップル　・フラット→フラッ塔　など

〈参考文献〉
・広山隆行『道徳読み―教科書を使う道徳の新しい授業法』（さくら社）

学び合いの授業や日常生活を可愛く彩る！
家紋風ネームプレート

マグネットに油性ペンで名前を書き，ネームプレートとして活用されている先生は多いと思います。僕もよく使用するのですが，「何となく味気ないなあ」と感じ，子どもたちに画用紙にデザインを描いて作成して貰ったのがこの「家紋風ネームプレート」です。

色とりどりでデザインも十人十色の個性が出て，華やかなネームプレートになっています。授業で進捗を確認するときや，生活班の役割分担を表す掲示物としてなど，使い道もたくさんあります。

　普段は，横の壁にある生活班役割分担表（前ページの写真）に貼ってあるので，仕事を可視化できます。

学び合いの授業では，まだ課題が終わっていない「ヘルプコーナー」から課題が終了した「OKコーナー」への進捗状況の確認アイテムとして機能します。無地のマグネットに名前が書いているだけだと，何となくきつい印象を，この家紋風ネームプレートは緩和してくれます。

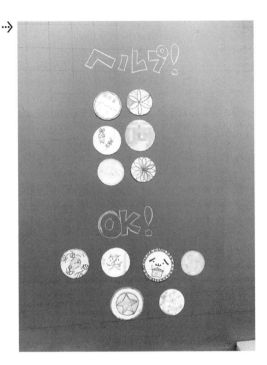

教室アイテム

　行事で何かを決める際にも役に立ちます。高学年にもなると，色別マグネットが黒板に貼られていくときに男女がきれいに分かれがちですが，このカラフルな家紋プレートはいい感じにカモフラージュしてくれるので，男女がいい感じに混ざった分担が生まれやすい気がします。

〈参考文献〉
・西川純『クラスがうまくいく！『学び合い』ステップアップ』（学陽書房）

41 手作りミニブラックボード

学び合いの授業で活躍。とにかく見やすい！

ミニホワイトボードとの違いは，「見やすさ」です。黒地に白字がはっきりと浮き上がって見えるため，とにかく「見やすい」です。また，拡大投影機を通してプロジェクターで黒板に投影するとくっきりと映り，簡易電子黒板のようにも使用することができます。

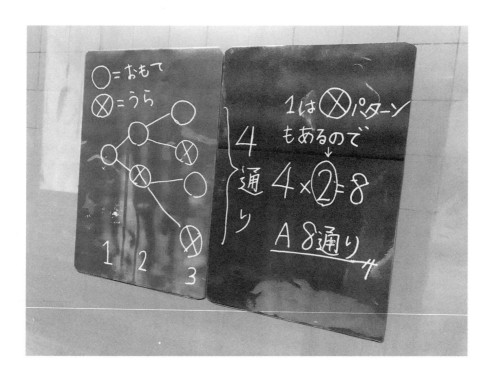

ミニブラックボードは，授業で使いやすいアイテムです。僕の教室では一人一枚持っており，算数の伝え合いの際や，教え合い，社会で歴史クイズを出したときに答えを書いてもらい一目でわかるように上に上げてもらうときなどに活用しています。

白マジックは消耗品で，若干高価ではありますが，メリットもあるので，興味をもたれた方はお試しください。

←‥ 色画用紙2枚を使って作成すると，A3判2枚分ほどの大きさになり，黒板に貼っても見やすいです。普段は，半分に折りたたんでロッカーや引き出しに収納もできます。

右は，ブラックボードに書いてあることを黒板にプロジェクターで投影したものです。チョークで書き込みができるので，子どもの反応や発表を随時書き込み，思考を深めることができるようになります。‥→

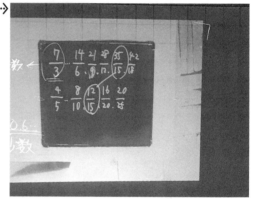

　算数の授業で，3人グループで伝え合いをするときに，説明の補助ツールとして活用します。自分の考えを相手に伝わるようにブラックボードに書き出すことで思考を整理することができます。途中を□にしたりして，クイズ感覚で説明し合うことも可能なので，活発な伝え合いになりやすいです。
　黒板は，深い緑色なのでブラックボードに書いた白い字がよく映えますよ。これは，ミニホワイトボードにはない強みだと言えます。

〈参考文献〉
・ちょんせいこ『ちょんせいこのホワイトボード・ミーティング』(小学館)

42
「静かにしなさい！」より約3倍の効果！（当社比）
教室レストランベル

クラスにあると役に立って，少しオシャレで面白い。そんなアイテムの紹介をします。「静かにしましょう！」というよりも優雅な感じで，教室が静かな空間になるのでお勧めです。

　上の写真のアイテムは「ベル」です。レストランのレジにありますよね。
　教室がざわざわとしているときに「静かになりましょう」という合図として「ちーん♪」と鳴らして活用したり，ちょっと注目してほしいことがあったときに「ちーん♪」と鳴らして視線を集めてもらうときなどに活用したりします。

いきなり使うと子どもたちも驚いてしまうので，ルールを決めてから教室で使うようにすると，意味のあるアイテムになると思います。

　次のようにルールを決めて共有しておくと，授業で活躍するアイテムになります。
1. 一回鳴らしたら，作業を始める。
2. 三回鳴らしたら，作業を止めて，手に持っている物を置く。
3. 一回鳴らした後に「パン・パ・パ・パン・パン」のリズムで手をたたいたら，子どもたちは「パン・パン」と手をたたき，アイコンタクトをする。

チーンのルールです。

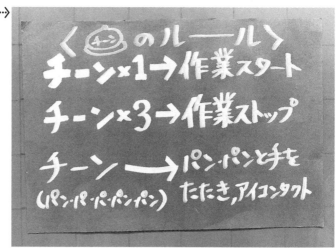

　ベルが活躍しやすい授業として，ワークショップ型授業では，「作業の開始，終了，説明のとき」など，また，ペアトークや伝え合いの授業の際も活躍してくれます。
　段々と子どもたちにもベルを使わせていくと，日直で「いただきます」をいう前に静かになってもらいときに鳴らしたりするようになります。

43

殺風景な教室の入り口を，素敵な写真の風景に！

入り口フォトフレーム

ダンボールに新たな命を吹き込むだけで，何となく「遊び心」を感じさせる何とも楽しい空間が発生します。子どもと一緒に作成するのもとても楽しいですし，先生が工作が得意なら，その力を存分に発揮するチャンスです。

殺風景な教室の入り口に，遊び心を。ということで，教室の入り口にフォトフレームをつくりました。

　すると，何となく日常の風景がファインダー越しに覗いているような感じになり，おしゃれ感がアップします。写真を撮ってもらいたくて，窓の前に集まる子も出てきます。

　入り口フォトフレームは，次のようにつくります。

1. 入り口の窓枠よりも大きいダンボールを用意し，窓枠にそって綺麗に切り抜きます。
2. マジックで，オシャレにフォトフレームを作成します。思い出が増えるたびに書き込みをしていくと，より愛着の感じられるものになるかもしれません。

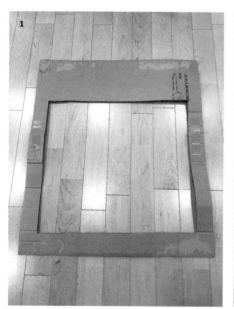 

　子どもたちにも書いてもらうと，より愛着のあるフォトフレームが完成すると思います。

44

オシャレなお店のような,入りたくなる教室に!

カフェ風看板

　僕は教室をカフェのようなオシャレな空間にしたいなという願いをもっています。しかし,お堅い雰囲気の学校の教室がどうすればカフェになるのか。ここでは,ちょっとしたカフェ風アイテムの紹介をし,皆さんの教室カフェ化のヒントになればと思います。

前ページの写真は，教室の入り口にある看板です。カフェを意識して，ダンボールで作成しました。

　カフェ風看板は，次のようにつくります。
① ちょうどよい大きさのダンボールを探し，鉛筆で下書きします。
② マジックで，下書きを丁寧になぞります。
③ マジックで着色したら完成！　植物を周りに添えると，より素敵になります。

　看板は，クラスのイメージをモチーフにして作成します。子どもたちから，看板のデザインを募集しても面白いと思います。
　街中を散歩すれば，オシャレなお店がたくさんあるので，素敵な看板のアイデアが浮かぶかもしれません。

　汚い煩雑とした教室と，オシャレできれいな教室。どちらが学習に集中できるかといえば，きっと後者ですよね。
　また，この看板が教室にあることで，他クラスの子どもたちが連絡帳を届けるときなどに「あの看板があるクラス」という認識が生まれ，認知されやすくなります。

45

いい香りのする教室で,集中力アップ!

アロマ&香り

狭い教室。その狭い教室に,休み時間後充満する汗臭いにおい…。香りは,目には見えませんが,とても重要な教室環境の一つだと考えています。特に,加齢臭は本当に気をつけた方がいいです。教室に,もっといい香りを。

教室に一人だけいる「大人の臭い（加齢臭）」。臭い教室は，居心地が悪いですよね。なので，教室の香りと自分の臭いは気を遣うようにしています。

　教室内の匂いが気になるときは，フレグランススプレーを一吹きします。柑橘系や石けんの香りは子どもたちも大好きです。シュシュッと教室に吹きかけると，いい匂いをかぎたい子どもたちが群がってきます。水吹きに，水を入れてアロマオイルを少し入れれば完成です（アレルギーの子がいないかは事前によく確認してください）。教室の香りをよくするために使用しているのは，ポプリ・アロマ・空間スプレー・ミストです。どれも優しい香りのもので，子どもたちにどんな香りが好きかを聞いて採用しています。

⇧ポプリも手軽で可愛いのでオススメです。

　アロマキャンドルもオススメです。火をつけなくてもいい匂いがします。また，デザイン性も高く，インテリアとしても機能します。

46 「モチベアップ」ファッション

大きな教室環境！ 先生だからこそオシャレに！

> 多感な小学生時代には，アートの感性も磨かれます。メラビアンの法則から考えても，視覚的な情報は大事です。なので，「大きな教室環境」ともいえる先生のファッションについて，少し考えてみたいと思います。

「スーツにスニーカー，そしてリュックを背負っていたら，ほぼ90％それは学校の先生」
と友達にいわれたことがあるほど，先生方のファッションは無個性で魅力的ではないように世間には映っているようです。
　そこで，オシャレなファッションをすることで，先生自身，そしてその姿を見て受け取る子どものモチベーションアップをねらいましょう！

←リュックではなく,クラッチバッグで通勤することも多いです。物が多く入らないため仕事を持ち帰ることも少なくなり,「時間内で生産性を上げて仕事に取り組もう」という意識が高まります。

上履きもオシャレに。もう,「スーツにスニーカー」からは卒業です。→

教室デザイン

　なお,ファッションは自己満足であり,「オシャレな服」=「自分らしく,自信をもって着られる服」です。

　ジャージは,明るめのものを着ると,教室の雰囲気も明るくなります。また,時計や名札ケース,体育のときのジャージ,スーツや通勤バッグなども自分なりのこだわりをもって,身につけていると,子どもが気がついて話しかけてくれたり,コミュニケーションのきっかけを生んだりしてくれることもあります。

　先生も,もっとオシャレを楽しんでいいんですよ!

47

朝の会や学級会が盛り上がる！　教室にロックを！

教室ライブハウス

教室に先生の好きな物が置いてあること，僕は結構重要だと思います。休み時間に「俺弾いてもいい？」とギターを触りたい子どもが現れたりして，コミュニケーションのきっかけにもなります。ギターが好きな先生方。教室をライブハウスにしてみませんか？

　僕は，音楽が大好きです。そしてギターを弾くことが趣味です。なので，教室にエレキギターとアンプを持ち込んでいます。
　朝の会の歌や，学級会の始まりのときに歌うクラスの歌などをエレキギターで弾いたりします。まるで，教室がライブハウスのようになる瞬間です。

カスタネットやトライアングル，マラカスなどの楽器などを教室に常備しておくと，休み時間に一緒に歌ったりして盛り上がれるかもしれません。

音が大きすぎると，隣のクラスに迷惑になるのでほどほどに…。
以下は，オリジナルソングの例です。

```
        「僕の好きなもの」  作詞・作曲  U-teacher

         C       G      D       G
        あげぱんが 好き  カレーも  好き

         C       G      D       G
        揚げ餃子も 好き わかめご飯も 好き

         D      C      G      D
        つまり  ぼくは  きみが  好きなんだ
```

簡単なコードなので，初心者でも1日で弾けます。いくつかのコード進行パターンをもっておくと，授業のまとめを即興ソングでまとめたり，何かいいことがあったときのお祝いの歌を歌ったりでき，教室が楽しい雰囲気になります。

教室デザイン

48

子どもの隠れたやる気や主体性に火をつける！

ビー玉パーティー装飾

秘密のウルトラパーティーというものを，ビー玉貯金が貯まったら行っています。何がウルトラかというと，一日本気で遊ぶんです。一時間ではないですよ。これは，ウルトラですね（しっかりと時数の確保ができるよう，うまくマネジメントしてください）。

超ビー玉貯金（p.88参照）が貯まったら，パーティーの開催に向けて準備をし始めます。子どもたちは火がついたかのように，教室をたくさん飾ってくれます。上の写真は，その装飾の一部です。

とんでもないパーティーは，子どもの隠れたやる気や主体性に火をつけてくれる，とんでもないポテンシャルを秘めたイベントです。

一生の思い出に残るパーティーを開催しましょう。

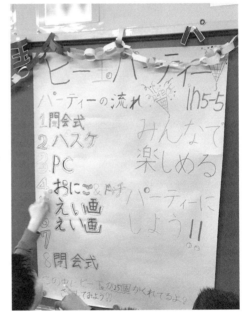

↑ 回数を重ねるごとに，パーティーの装飾もレベルアップしていきます。「やりすぎ」くらいな装飾でいいと思います。

〈参考文献〉
・古川光弘『「古川流」戦略的学級経営　学級ワンダーランド計画』(黎明書房)

教室デザイン

49

休み時間に気楽に集まれる共有スペース！

癒しの空間

ベンチがあることで，休み時間にふらっと集まっておしゃべりする場，授業中の作業台や教え合いの場として機能するようになります。お楽しみ会の準備や当日のゲームコーナー，お昼寝，将棋，恋バナ，男子会，女子会，消しピン大会 etc 用途は無限大です。

　皆さんの教室には，ちょっとした時間に集まることができる「ワークスペース」「とまり木」「待ち合わせ場所」「おしゃべりスペース」はありますか？
　それらの機能を兼ね備えているのがこの「癒しの空間」です。

お楽しみ会で，人狼ゲームを楽しんでいる様子。大人数でもベンチに伏せられるようになっているので，このゲームにはもってこいなのだそうです。

授業中。算数の問題を教え合っている様子です。距離感もちょうどよく，リラックスした雰囲気で学び合うことができると子どもたちからは好評です。

ベンチを導入する際には，管理職の先生や学年主任の先生に相談することをオススメします。

ちなみにこのベンチはホームセンターで購入しました。日曜大工が得意な先生は，手作りで作成するのも素敵だと思います。

机フォーメーション（p.118参照）とこの取組は，オランダのイエナプラン教育実践を参考にしています。

〈参考文献・サイト〉
・岩瀬直樹，ちょんせいこ『よくわかる学級ファシリテーション①かかわりスキル編』（解放出版社）
・桑原昌之「ON THE BALL　人生という名のボールは転がり続ける。」

50

自由自在に変形して，最適な学びの場づくりに！

机フォーメーション

机の配置を少し工夫するだけで，学びが深まったり，会話が弾むようになったりすることがあります。先生の仕事の大きな物の一つが，最適な学びの場づくりだと思います。ぜひ，その時々で最も有効なフォーメーションを追究してみてください。

机のフォーメーションは何パターンお持ちですか？　前ページの隊形は，机を横に寄せて空いたスペースにベンチを並べて，お互いの顔が見えやすくなるようなサークル隊形のフォーメーションです。先生も子どもと同じ対等な立場で参加でき，話し合いなどに向いている隊形です。

ミニ討論やミニゲームをやるときに有効なフォーメーションです。対面がプレイヤーで，お誕生日席が審判です。

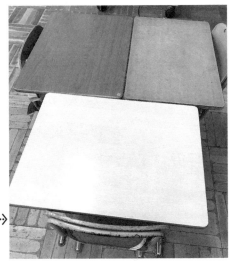

算数の伝え合いのときに，有効な三角フォーメーション。お互いのホワイトボードを見合いながら，説明ができます。

教室デザイン

　他にも，班や号車で給食を食べることがマンネリ化してきたときや相談多めのワークショップ型の授業で取り入れる「会食型フォーメーション」など，たくさんのフォーメーションがあると思いますので，ぜひTPOに応じたフォーメーションを開発してみてください。

〈参考文献〉
・岩瀬直樹，ちょんせいこ『よくわかる学級ファシリテーション①かかわりスキル編』（解放出版社）

【著者紹介】

奥野木　優（おくのぎ　ゆう）

1988年5月4日生まれ。「ガッコーをもっと面白く！」をモットーに暗躍する，教育実践交流軍団「GOTCHA!!」のリーダー。

【御礼メッセージ】

　最後までお読みいただき，本当にありがとうございます。
　一つでも，皆様の心に「ビビっと」くるものがあれば，嬉しいです。
　ぜひ，全国の教室でもWONDER（小さな奇跡）がたくさん起こることを願って，本書を締めたいと思います。
　「ガッコーをもっと面白く。」僕も次のWONDERを探す旅に出かけます。
　いつか，どこかでお会いできる日を心から楽しみにしています。

　　　　　　　それでは，GOOD LUCK!!

学級経営サポートBOOKS

WONDERな教室環境のつくり方

2019年2月初版第1刷刊	Ⓒ著　者　奥　野　木　　　優
2019年4月初版第3刷刊	発行者　藤　原　光　政
	発行所　明治図書出版株式会社
	http://www.meijitosho.co.jp
	（企画・校正）赤木恭平
	〒114-0023　東京都北区滝野川7-46-1
	振替00160-5-151318　電話03(5907)6702
	ご注文窓口　電話03(5907)6668
＊検印省略	組版所　株式会社カシヨ

本書の無断コピーは，著作権・出版権にふれます。ご注意ください。

Printed in Japan　　　　　　ISBN978-4-18-329717-4
もれなくクーポンがもらえる！読者アンケートはこちらから→